LA VOIX MYSTÉRIEUSE.

LA
VOIX MYSTÉRIEUSE.

Les Proscrits.

Le scrutin du 20 décembre.— La Constitution de 1852.

Les Conseillers de M. Bonaparte.

LONDRES,

JEFFS, LIBRAIRE-ÉDITEUR,

BURLINGTON-ARCADE.

1852

AU LECTEUR.

—

Ne cherchez pas à me connaître.

Le nom le plus illustre du monde n'ajouterait rien à la lumière de cet écrit. Le nom le plus obscur n'en ternirait pas la lumière.

Les faits que je rappelle ont eu l'univers pour témoin. Les jugements que j'exprime, je les ai lus dans tous les yeux.

A quoi bon me demander mon nom?

Je suis la Vérité, la Vérité proscrite et persécutée.

C'est ainsi qu'il faut qu'on m'appelle.

Je suis la Vérité qui passe au milieu des douaniers et des gendarmes, et qui entre, comme l'air et le jour, à travers les portes closes et les murs les plus épais.

Je suis, ô César, la Voix qui crie au fond de ton cœur, et qui te fait pâlir au milieu de tes gardes.

Je suis le Remords qui s'assied toutes les nuits au chevet de tes complices.

Je suis le Rire moqueur qui accueille, en tout lieu, tes sénateurs chamarrés d'or.

Je suis le Cri des enfants, des vieillards et des femmes, égorgés sur les boulevards.

Je suis la Plainte des orphelins et des veuves.

Je suis le Soupir du pauvre paysan et du pauvre rentier que tu dépouilles pour enrichir tes maîtresses et tes favoris.

Je suis la Justice qui flétrit le coupable et relève l'innocent.

Je suis la Pitié qui demande grâce pour l'innocent et même pour le coupable.

Je suis la Prière qui s'élève, nuit et jour,

vers le ciel pour conjurer la ruine de la patrie.

Je suis la Conscience calme et sereine de l'homme de bien.

Tout ce qui souffre, tout ce qui gémit, tout ce qui espère, tout ce qui croit en Dieu, tout ce qui ne doute ni de l'honneur français, ni de la liberté, ni de la justice éternelle, trouvera dans ce livre une voix amie et consolante.

Et maintenant, ne me demandez plus qui je suis. Pensez à vous, pensez à la patrie et non à moi.

CHAPITRE PREMIER.

Les proscrits.

I

On les prend à la charrue; on les prend
dans leur lit; sur une dénonciation abjecte,
sur un soupçon, pour un mot, pour un sou-
rire, pour une larme furtive, pour le verre
d'eau offert au voyageur; on les prend, on les
jette en prison, et la famille qui les attend ne
les verra pas revenir. Ils sont partis. On
les a jugés, on les a condamnés, on les a
déportés, on les a bannis, mais sans bruit,

sans lumière, sans garanties, sans témoins, sans défenseurs.

Bah! disent certaines gens, ce sont des socialistes! Des socialistes? Vous en parlez à votre aise. Qu'en savez-vous? qu'en savons-nous? Cette accusation, qui, naguère, inspirait tant d'effroi, n'inspire aujourd'hui que la pitié. Socialiste! cela veut presque dire un homme libre, une âme fière, un martyr. Leurs souffrances font oublier leurs erreurs. On ne voit plus en eux que des persécutés. Ils ont l'innocence des victimes.

Ils quittent leur pays par centaines et par milliers. On en trouve sur toutes les routes et sur toutes les mers. Pauvres pour la plupart, et sortis du sillon, comme toi, jeune prêtre, comme toi, jeune soldat. C'est la première fois, dans notre longue histoire, que le peuple est ainsi frappé. Il est frappé par l'homme qui l'a le plus flatté. Il faut les voir, ces proscrits en veste et en sabots, il faut les voir traversant à pied les cités et les campagnes. Quelle fierté! quelle tristesse! quelles misères! Où vont-ils? Que deviendront-ils? Ils ne le savent pas. Une fois hors du pays natal où leur vie avait ses racines, rien ne les

attire et rien ne les retient. Beaucoup, cependant, par un instinct secret, s'étaient ré-
fugiés en Belgique. Vous devinez pourquoi :
on y parle français! Ils y venaient des Py-
rénées; ils y venaient des Alpes; ils n'y retrouvaient pas le soleil de la patrie; mais ils
y retrouvaient et sa langue et ses lois, aussi
belles et aussi fécondes que son soleil. La
politique leur a fermé cet asyle, au moins au
plus grand nombre, et l'on peut dire de ces
infortunés qu'ils ont été deux fois bannis.
Partez donc, fils de la France asservie! allez
au fond de la Hollande; allez plus loin; il
faut que la Suède vous voie et que la Nor-
wège vous entende. Allez en Espagne; allez
en Angleterre; embarquez-vous pour l'Amé-
rique, et racontez partout au monde épou-
vanté le triomphe du crime et le règne de
l'injustice.

Pensez à cela, vous qui me lisez. Pensez-y
à votre foyer, au milieu de vos enfants.
Pensez-y au sein de vos travaux. Pensez-y
dans la rue. Pensez-y à l'église. A votre cou-
cher et à votre réveil, pensez-y !

Tandis que Bonaparte et son sénat se par-
tagent les sacs d'or et font entre eux, à nos

dépens, assaut de générosité ; tandis que tout est gala chez M. Berger, chez M. Billault, chez M. Magnan, chez M. St.-Arnaud, chez M. de Maupas, à l'Élysée, aux Tuileries, à l'hôtel de ville, au Luxembourg ; tandis que cette cohue brodée ne fait que boire, manger, danser et se vautrer en toute sorte de sensuelles voluptés ; tandis qu'on occupe les imaginations oisives par le récit de ces monstrueux repas et qu'on enregistre au *Moniteur*, comme un bulletin de victoire, le nombre des bouteilles vidées ou brisées en une seule nuit, combien de pâtés, de chapons truffés, de jambons ont été engloutis à la table de Monseigneur, tournez les yeux vers les familles que Monseigneur a décapitées, démembrées, ruinées et affamées ; écoutez les sanglots qui partent de ces chaumières ! Tout le nouveau régime vit dans ce contraste. Ici des affranchis et des prétoriens dans l'ivresse ; là, des opprimés dans les larmes. Et puis ? Et puis, plus rien ! Pas un mouvement ! pas un bruit ! pas un souffle !

Je ne saurais oublier, en parlant des proscrits, cette famille illustre, depuis plus de mille ans associée à nos destinées. Qui l'oublierait ? Je me souviens aussi de ces hommes d'État, de ces orateurs, de ces généraux, de ces philosophes, de ces poëtes, de ces historiens, qui expient à l'étranger leur gloire et leurs services. Mais je ne considère, en ce moment, que cette foule obscure qui élargit sous ses pas l'étroit chemin de l'exil. Je songe à ces bannis que leur famille pleure, mais que la patrie ne connaît pas ; qui n'ont point les palmes de l'exil, mais qui en subissent les tortures. Proscrire les grandeurs de l'histoire, proscrire l'éloquence, proscrire le courage, proscrire le génie, cela est immoral, cela est horrible ! Mais proscrire la pauvreté ! proscrire le travail ! Proscrire, par masses, des artisans et des paysans ! cela eût étonné Tibère et effrayé Caligula. Proscrire ! ce n'est rien. Bonaparte a dépêché, partout, au-devant de ces malheureux, sa messagère ordinaire : la Calomnie. Prenez garde ! Ce sont des Jacques ! Ce sont des partageux, prenez garde ! Des gens qui ne connaissent ni le tien ni le mien, sans principes, sans foi et sans loi ! Quoi ! tous ? Oui, tous.

Et, en maint endroit que je pourrais citer, les portes se sont fermées devant un infortuné dont le seul crime est d'avoir, la nuit, ouvert sa porte à un inconnu, blessé et fugitif. Le travail a fui la main qui le cherchait. L'outil s'est refusé à l'ouvrier. La terre a repoussé le laboureur. Autant qu'il a dépendu de lui, Bonaparte a donc dépouillé les proscrits de tout moyen d'existence, et des consolations fécondes du travail, et des amères consolations de la pitié. Il en est quelques-uns qui n'ont pu supporter cette situation, et qui sont rentrés en France, pour être conduits le lendemain à Lambessa ou à Cayenne.

Faites-vous, si vous le pouvez, une idée des jours et des nuits de cet exil. Combien, parmi ces bannis, ont laissé au village de vieux parents que leur main nourrissait! Combien qui, depuis leur départ, attendent, chaque matin, avec une anxiété croissante, une lettre qui ne vient pas? J'en sais d'autres, mais sont-ils moins à plaindre? j'en sais d'autres qui ne sont pas seuls. De courageuses femmes les ont suivis ou sont venues les joindre, d'étape en étape, par la pluie et le vent, à deux et trois cents lieues de leurs montagnes.

Nous avions déjà vu, depuis 1848, des exilés, mais en petit nombre. Et puis, quelle différence! Ceux-ci fuyaient devant la justice. La justice les avait frappés ; ceux qu'elle n'avait pas frappés, elle les cherchait pour les punir ou les absoudre. Ce n'étaient donc pas, à vrai dire, des exilés ; c'étaient des contumaces, et ils n'excitaient parmi nous d'autre intérêt que celui qui s'attache au patient qui expie ses fautes. Mais les exilés d'à présent ! Comptez-les, si vous pouvez. Nul n'en sait le nombre. L'administration en avoue près de dix mille. Elle a intérêt à mentir ; donc elle ment. Dix mille proscrits ! Le seul département des Basses-Alpes, le moins peuplé de la France, en a fourni plus de douze cents. Il y a, dans les provinces du centre et du midi, des villages dont toute la population valide a disparu. On dirait que la peste y a passé. Cependant la persécution y dure encore. Elle n'est point lasse ; on tend des piéges à l'enfant ; on menace le serviteur. Il manque un déporté à Cayenne ; Lambessa réclame sa proie.

Quelle est, pourtant, la position des fuyards ? Quel est leur crime ? Est-ce la loi qui les frappe ? Est-ce la justice qui les chasse de leurs demeures ? Non ! ils fuient devant la tyrannie la plus violente et la plus arbitraire qui ait jamais scandalisé les hommes. Ils demandent des juges. Mais les juges, où sont-ils ? Hélas ! hélas ! ils balayent de leur toge la poussière des antichambres et font rougir les sénateurs eux-mêmes par la platitude de leur zèle. Les meilleurs dévorent en silence l'humiliation de leur ordre et versent des larmes stériles sur la dégradation de la justice. Des juges ! Des juges ! Est-ce qu'il y a des juges en France ?

Patience ! dit-on. Laissons faire Bonaparte. Il prépare les voies à un ordre meilleur. Le peuple regrette la justice ? tant mieux ! quand la justice renaîtra, il ne sera plus tenté de la méconnaître. Le peuple regrette la liberté ? tant mieux ! quand la liberté reviendra, il l'accueillera, non comme une orageuse maîtresse, qui se plaît au bruit, aux querelles, aux folles aventures, mais comme une chaste épouse, amie du travail et de la règle. Laissons faire ! L'expérience est douloureuse. Mais tous les partis en avaient besoin. Laissons faire ; le peuple s'instruit !

Ce langage serait admirable, si le peuple était composé de philosophes et de savants, raisonnant à la manière de Montesquieu sur les effets et sur les causes des révolutions. Mais il n'en est pas ainsi. Le peuple n'a pas en politique tant de pénétration; sa mémoire est courte; les rapports éloignés lui échappent. Mais les faits vivants, les faits palpables, il les comprend à merveille; il les juge en eux-mêmes, et sans s'inquiéter de la liaison qu'ils peuvent avoir avec les faits antérieurs. Il est donc bien vrai de dire, en un sens, que tout ce qui se passe lui est une leçon; mais quelle leçon !

Cela a commencé par un parjure.

S'il y a en morale un principe certain, dans le christianisme une révélation positive, dans la conscience une clarté, en politique un intérêt universel, permanent, incontestable, c'est qu'il faut respecter la foi jurée et entretenir dans les âmes, avec un soin jaloux, ce noble culte. Nous avons besoin de croire à la sincérité les uns des autres. La confiance de l'homme dans la parole de l'homme est un penchant du cœur, parce qu'elle est la première des nécessités sociales. Les anciens regardaient comme un être irréligieux, dégradé et pervers, celui qui trahissait un serment. Au moyen âge, en des temps pires que les nôtres, le roi Jean, plutôt que de manquer à sa parole, laissa Paris en proie aux factions politiques, la province en proie à l'étranger et aux soulèvements des Jacques, et alla volontairement mourir en prison. Il ne lui sembla pas qu'un roi déshonoré pût être utile aux hommes. Il crut, avec raison, qu'étant placé si haut, il servait de modèle à tous, et que, dans l'abîme où la France était tombée, il la relèverait à ses propres yeux et aux yeux des nations par cet acte de loyauté bien plus que par les triomphes, toujours passagers, de la ruse et de la force.

N'est-ce pas l'idée que nous avons de l'inviolabilité de la parole humaine, qui donne au mariage sa dignité et sa durée, à la famille son repos, à la propriété ses garanties, au commerce sa sécurité, à la justice terrestre son autorité ? Tout repose, ici bas, sur la sainteté des promesses. Que cette notion s'obscurcisse dans les âmes, le mariage devient un joug importun ; la terre tremble sous les pas de son légitime possesseur ; les magistrats se troublent sur leur siége, et les cierges pâlissent sur l'autel abandonné.

Je vous le demande, à vous, impassibles

témoins de la félonie, le règne de Bonaparte est-il, à votre avis, rassurant pour nos croyances, rassurant pour nos mœurs? La vue de cet homme élevé par le parjure, riche et puissant par le parjure, est-elle d'un bon conseil pour la probité chancelante, pour les ambitions déréglées, pour l'ignorant qui souffre, pour l'incrédule qui raisonne? Je soumets particulièrement ces questions au vénérable archevêque de Paris. N'a-t-il point quelque doute à cet égard?

Les leçons de ce genre abondent, depuis le 2 décembre. On ne voit que fraudes, que violences, que rapines. L'école du mal est ouverte, et la foule est tout yeux et tout oreilles. La foule s'instruit, j'en ai peur.

Il est vrai que le crime n'est pas toujours puni dès ce monde. Le lâche Octave est mort dans la pourpre. Mais Rome fut cruellement châtiée, pour avoir subi ce règne déshonorant. Il se peut donc que Bonaparte et ses complices soient réservés, comme d'autres grands coupables, à la justice du Roi invisible, et que la nation française doive seule expier, aux yeux du monde, par la rapidité de sa chûte, sa soumission à d'indignes maîtres.

Mais j'ai d'autres pressentiments: Bonaparte tombera. Il tombera par la paix ou par la guerre, par le peuple ou par l'armée, par une émeute ou par un complot de palais; il tombera. Au moment le plus inattendu, vous verrez s'écrouler cet édifice de mensonge. O Dieu de paix! Dieu de miséricorde! aie pitié, ce jour-là, des orgueilleux que ta main aura foudroyés! Ne laisse pas fructifier dans les cœurs les leçons sinistres qu'ils nous donnent! Qu'on ne touche pas à un seul cheveu de leurs têtes! Ne seront-ils pas assez punis de la perte de leur puissance et de la joie des peuples délivrés? Pour l'honneur de notre patrie, borne là ta colère.

Mais, encore une fois, j'ai peur; oui, j'ai peur que les crimes d'aujourd'hui n'appellent de terribles représailles. C'est l'effet naturel et presque inévitable d'un tel despotisme, de corrompre et d'ulcérer les âmes souffrantes, d'exciter partout des appétits égoïstes et haineux. Rien n'est effrayant comme la révolte des opprimés. S'il a été si facile de modérer la révolution de 1850 et celle de 1848, c'est que ce sont des erreurs et non des haines qui ont amené ces catastrophes. La monarchie n'avait ni trompé, ni offensé, ni flagellé les masses. Il y avait chez elles, en juillet et en février, un mélange d'idées fausses et de sentiments généreux. On cherchait le mieux dans la destruction du bien; on le cherchait avec un certain enthousiasme et un vrai désintéressement. Nul souvenir amer, nul ressentiment profond et légitime, nulle humiliation, nulle meurtrissure de cœur n'empoisonnaient l'ivresse des vainqueurs. Ils étaient étonnés et presque embarrassés de leur victoire, plus occupés de l'espérance de fonder un ordre nouveau que de se venger des injustices de l'ordre ancien. Les griefs de l'opposition s'étaient comme évanouis avec la fumée de la poudre, et l'on admirait leur peu de consistance en face des résultats qu'ils avaient produits. La révolution qui s'apprête sera-t-elle aussi bénigne? Ces innombrables familles décimées, ruinées, dispersées, désespérées, n'auront-elles point de compte à régler avec leurs oppresseurs? Si les vrais coupables se dérobent par la fuite aux fureurs de la multitude, n'est-il pas à craindre que, dans son aveuglement, elle n'assouvisse ses rancunes sur la tête des innocents? N'a-t-on pas déjà dressé la liste des sots adorateurs de la fortune, qui ont si bruyamment applaudi au coup de main du 2 décembre? Ne connaît-on pas les propagateurs et les signataires des adresses de félicitation envoyées à l'usurpateur? Et les délateurs, ne les connaît-on pas? N'y a-t-il pas, dans chaque cité, dans chaque bourgade, des familles en deuil? Croit-on, d'ailleurs, que les victimes y regarderont de plus près que les bourreaux, et apporteront dans la vengeance plus de scrupules et de délicatesse qu'on n'en a mis dans la persécution?

La politique de Bonaparte avait créé pour 1852 des dangers d'abord imaginaires, puis réels, que la société seule, armée de toutes ses forces régulières, pouvait efficacement conjurer. Le coup d'état, au lieu de supprimer ce danger, l'a rendu plus redoutable. Il a donné un prétexte et une excuse à des haines insensées et inexcusables; il a rendu digne de pitié ce qui n'attirait que le mépris; il a, d'avance, tout justifié par son exemple. Je me le demande donc avec terreur : n'est-il pas à craindre que la société ne paye, bientôt, avec les arrérages, la dette de 1852! Vous aurez beau dire, ce jour-là : nous sommes d'honnêtes gens; faites-nous juger. On vous répondra : nous avez-vous donné des juges? Vous aurez beau dire : nous ne sommes point coupables; nous n'avons trempé la main ni dans votre sang ni dans vos coffres. Des opinions, des applaudissements, des désirs peuvent être des erreurs, mais ne sont pas des crimes. On vous répondra : et nous, quel crime avions-nous commis? C'est en nous traitant de pillards et de scélérats qu'on s'est rué sur nous, au mépris de toutes les lois. On nous a fait un crime de nos opinions et de nos désirs qu'on n'avait ni le moyen ni le droit de juger. C'est pour cela qu'on a, sans provocation, assassiné nos pères et nos amis sur le boulevard; c'est pour cela qu'on a saccagé nos demeures; c'est pour cela qu'on nous a traqués dans les bois comme des bêtes fauves; c'est pour cela qu'on nous a traînés dans les cachots; c'est pour cela qu'on nous a accouplés à des voleurs; c'est pour cela qu'on nous a, sans jugement, chassés de notre pays, mis en servitude en Algérie, exilés chez les nations étrangères, et poursuivis sans relâche même au delà de la frontière?

Voilà ce que répondra, peut-être, la multitude en son délire, et voilà, en vérité, le lendemain que je redoute pour mon pays. Je le redoute pour son repos, je le redoute pour sa liberté, je le redoute pour son honneur. De telles représailles me trouveraient encore parmi les victimes ; je n'en parle qu'en frissonnant et pour les conjurer.

Mais comment les conjurer?

Je n'en vois qu'un moyen : c'est de protester courageusement contre les actes d'oppression et de barbarie qui ont produit cet affreux régime et qui le soutiennent. Il ne s'agit pas de prendre les armes, de remuer des pavés, d'élever des barricades; il s'agit de laisser percer l'indignation qu'on a dans le cœur, de s'éloigner avec mépris de l'usurpateur et de ses agents, de ne pas se prêter à la comédie constitutionnelle qui se joue, de ne pas permettre que l'on confonde jamais les gens de bien avec les suppôts de Bonaparte, de leur fermer sa porte, de leur refuser sa main. Peu de courage suffit à ce rôle ; il n'exige ni démarches, ni paroles compromettantes : c'est un rôle passif et muet; mais il convient à des gens de cœur, et la plus vulgaire prudence le conseille.

Qu'on ne s'y trompe pas, cependant : cette conduite a ses périls. Le despotisme veut qu'on l'approuve ; ce n'est pas assez qu'on l'approuve, il veut qu'on le flatte. Il ne souffre pas la critique, et le silence lui fait peur : il voit un ennemi dans l'homme qui se plaint, il voit un adversaire dans l'homme qui se tait. Il faut l'étourdir de louanges ; les louanges de certains hommes ne le contentent pas, il en sait le prix ; il veut des louanges qu'on puisse croire désintéressées ; c'est un tribut qu'il pense qu'on lui doit et qu'il arrache au besoin par violence, comme l'impôt. Eh bien ! c'est cette violence qu'il faut savoir subir ; il faut s'y exposer bravement, et le plus tôt possible. Sera-t-on traduit devant un conseil de guerre pour avoir refusé de danser chez un préfet ou chez un ministre ? Fera-t-on une loi de lèze-majesté contre les myopes qui auront le malheur de ne pas reconnaître, dans la rue, les partisans de Bonaparte, et de ne pas les saluer ? Traitera-t-on de pillards les riches qui adouciront par leurs bienfaits le sort des familles que l'exil ou la transportation a privées de leurs chefs ? Sera-t-il interdit de visiter les pauvres et de consoler les affligés ? Sera-t-il ordonné, sous peine de mort, d'être avare, égoïste et flatteur ? Bonaparte voudrait bien qu'on le fût, et il se fâchera sans doute, si l'on refuse de s'avilir à ce point pour lui plaire. S'il se fâche, tant mieux ! Heureux qui se rend digne de la colère de Bonaparte ! Peut-être, court-on la chance de l'exil. Honneur à qui sera exilé pour avoir été honnête et charitable !

Bonaparte et ses parasites traitaient, naguère, de conspirateurs les représentants royalistes qui ne paraissaient pas disposés à se prêter à la violation des lois. Il faut, pour le salut de la société, qu'il en soit réduit à traiter de conspirateurs tous les gens de bien, à quelque condition qu'ils appartiennent. Il se fera empereur pour nous punir. Ah ! dût-il se faire empereur, soyons honnêtes ; ne cachons pas nos dédains pour un despotisme sans gloire, nos sympathies pour le malheur. Soupirons du moins en faveur de la justice et de la liberté. Qui soupire conspire, dira-t-on. Oui, c'est la façon de conspirer en usage parmi les honnêtes gens. C'est la plus redoutable ; elle brise les sceptres de fer et se rit des épées des soldats. Conspirons ainsi, conspirons tous, au risque de l'exil, au risque de l'empire. Quand le peuple verra la bourgeoisie donner, partout, ce salutaire exemple, la réconciliation sera faite ; la guerre sociale ne sera plus à craindre, les classes éclairées auront repris leur influence légitime, et la nation sera mûre pour l'affranchissement.

CHAPITRE DEUXIÈME.

Le scrutin du 20 décembre.

II

Le scrutin du 20 décembre.

Taisez-vous, voix mystérieuse! Tout ce
que vous blâmez, la France l'approuve; elle
a béni ce que vous maudissez. Ce coup d'État?
elle l'appelait de ses vœux. Ce parjure? il a
huit millions de complices. Ces illégalités?
elles sont notre ouvrage. Le scrutin du 20 décembre en est la preuve. Quand vous accusez
Bonaparte, c'est la France elle-même que
vous outragez. Oui, guet-apens, meurtres,

spoliations, proscriptions, elle a tout justifié, tout ratifié, tout couvert de ses suffrages. C'est elle qui a rejeté de son sein ces généraux tant de fois blessés à son service, ces hommes d'État dont le nom ne rappelle que des jours de paix, de liberté et d'abondance, ces écrivains qui l'honoraient, ces paysans qui la nourrissaient. Voix mystérieuse, taisez-vous! La France a parlé. Taisez-vous devant l'urne du 20 décembre.

Je ne me tairai pas! Fût-il vrai, comme vous l'osez dire, que la nation eût applaudi à tant de crimes, je parlerais encore. Ni les rires de vos festins, ni l'orchestre de vos bals, ni le bruit de vos chaînes, ni le fracas de vos tambours n'étoufferont la plainte d'un innocent, ni la prière d'un juste. Ils n'étoufferont pas ma voix. Elle a déjà réveillé trop d'échos. Le prêtre l'a entendue à l'autel; le bûcheron l'a entendue dans les bois; le pâtre, sur les cîmes désertes. Elle a réjoui le riche et attendri le pauvre. Je ne me tairai pas. Non, pas même devant l'urne du 20 décembre. Je ne suis pas de ceux qui croient que le peuple, quand il parle, ne rend que des oracles, et que tout devient légitime, du moment que le peuple applaudit. Mais encore est-il vrai, est-il bien vrai que le peuple ait souhaité, approuvé et solennellement ratifié l'usurpation de Bonaparte et ses lamentables suites ? Est-il vrai qu'il se soit volontairement associé au renversement des lois et librement jeté dans les bras d'un parjure ? Dans ses bras ! c'est à ses pieds qu'il faut dire.

Examinons donc, puisqu'on nous en parle sans cesse, examinons une fois pour toutes, et de sang froid, si c'est possible, ce scrutin du 20 décembre. Dans quelles circonstances et comment avez-vous consulté ce malheureux peuple ? Votre coup était fait ; vous aviez du sang jusqu'au genou ; les prisons regorgeaient de captifs ; tout ce qui avait osé résister était anéanti, fusillé, blessé, incarcéré, fugitif. Une terreur sans exemple depuis 95 planait sur les campagnes et les villes. Vous aviez, par décret, mis en état de siége la moitié des départements ; et l'autre moitié, sans décret. Au lieu de magistrats et de fonctionnaires, vous n'aviez placé dans les parquets et dans les préfectures que des conjurés qui n'attendaient qu'un signe pour trahir les lois confiées à leur garde. La France, à son réveil, s'était trouvée prise comme dans un filet. Les communications des provinces entre elles, des familles entre elles, étaient interceptées. Point de journaux! plus de lettres! pas un asyle pour la pensée! pas un foyer à l'abri de ces rebelles que l'on prenait la veille pour des magistrats!

Allons, bonnes gens, voici des bulletins, allez voter! Allez voter, vous êtes libres ! ne vous attroupez pas dans la rue, ne vous assemblez pas dans vos maisons, n'écrivez pas à vos amis. Si vous avez, par hasard, quelques doutes, n'en dites mot à personne. Lisez les affiches; toute loi, toute vérité, toute lumière est là. Est-ce M. de Morny qui voudrait vous tromper ? Est-ce que vous vous méfieriez de la loyauté de Bonaparte? Ingrats! Il s'immole pour vous, et vous sauvera malgré vous ; il vous sauvera des blancs, des rouges, des républicains, des royalistes, des légistes, des légitimistes, des formalistes, des juristes et des moralistes. Vous n'avez plus de Constitution, mais, en revanche, vous avez la police qui vous épie et les conseils de guerre qui vous jugent ; vous n'avez plus d'assemblée, plus de journaux, plus de moyens de vous éclairer et de vous concerter, mais vous avez des préfets zélés, des commissaires qui veulent faire leur chemin, des agents qui veulent devenir commissaires, des mouchards qui veulent devenir agents ; vous avez une commission consultative où l'on met les gens de force, et qu'on ne consulte jamais ; vous avez d'honnêtes gens en prison et d'autres dans l'exil. Allez voter, vous êtes libres ! On voulait, d'abord, savoir votre nom et voir votre signature à côté de votre vote ; on y renonce. Mais vous pouvez, si cela vous plaît, montrer votre bulletin, en le déposant dans l'urne. Cela serait d'un bon exemple et l'on vous en saurait gré. Il n'est que les méchants qui cherchent le mystère, et le gouvernement a l'œil sur les méchants. Allez, allez voter ; vous êtes libres !

C'est peu, cela ; mais voici une armée que vous avez détournée de ses devoirs, qui a renversé en votre nom un gouvernement régulier, qui se sent désormais liée à votre fortune, parce qu'elle l'est à votre crime, qui est ivre de flatteries et de colère, qui a les mains encore noires de poudre, mais qui redoute plus et dans son délire hait davantage la foule consternée et silencieuse que les faiseurs de barricades. Cette armée, toute chaude encore de la bataille, vous la faites voter la première, et sur quelle question ! « Voulez-vous prolonger de dix ans le pouvoir de Bonaparte et qu'il fasse une Constitution ? » L'armée dit oui, non qu'elle sache au juste ce qu'elle fait ; mais on la consulte, on la caresse ; on lui fait connaître sa prépondérance, et on lui promet des merveilles. L'armée dit oui, et le signe, et elle reste sous les armes, prête au combat.

C'est alors que vous vous tournez vers la nation : A votre tour, ma mie ! votez librement ! Mais vous savez ce que veut l'armée ? Elle veut la dictature de Bonaparte. On ne dit pas cela pour vous séduire, quoique l'armée soit composée de gens bien propres à faire autorité en ces matières ; on ne le dit pas, non plus, pour vous intimider ; non ! l'armée est fidèle aux lois, témoin la Constitution qu'elle vient de renverser ; elle respecte la volonté du peuple, témoins les représentants qu'elle a chassés de leurs siéges et traînés en prison comme des voleurs. Si l'on vous dit ce que veut l'armée, c'est uniquement pour satisfaire votre curiosité et vous prouver que le gouvernement ne vous cache rien. Raisonnez là-dessus comme il vous plaira, et votez en liberté. Si vous n'êtes pas d'accord avec l'armée, vous vous arrangerez avec elle. C'est votre affaire; votez librement.

Est-ce ainsi, oui ou non, que les choses se sont passées ? Peut-on le nier ? Et si elles se sont passées de la sorte, n'y a-t-il pas de l'impudence à nous en rappeler le souvenir ? Quoi ! une armée qui vient de sacrifier à un homme les lois de son pays, une armée qui se glorifie de ne plus connaître d'autre loi que la volonté d'un maître, une armée qui agit dans sa patrie comme sur une terre étrangère, qui y met son orgueil et y emploie toute son énergie, je dirai même toute sa vertu, car on l'a trompée sur ses devoirs, et c'est avec l'ardeur et la sincérité du fanatisme, qu'elle exécute des ordres criminels. Cette armée devant laquelle tout tremble, dit au pays : je ne veux plus de vos lois; voici ce que je veux. Et vous avez le front de dire que le pays, appelé à se prononcer en de telles circonstances, s'est prononcé librement! Il a voté l'épée sur la poitrine. Il a compris l'inutilité de la résistance. Il s'est dit : je n'ai plus d'armée pour me défendre ; et Bonaparte a des prétoriens pour m'opprimer.

Et puis, sur quoi le pays s'est-il prononcé? Lui avez-vous offert un choix entre plusieurs formes de gouvernement. Non ! ce n'est pas ainsi que vous avez posé la question. Vous ne l'auriez pas osé. Il y aurait eu là, malgré vos baïonnettes et vos mensonges, quelque ouverture à la liberté. Vous ne l'avez pas osé ! Vous n'avez pas même mis aux voix un principe quelconque de gouvernement. Vous avez dit : je demande dix ans de dictature. Dites oui ou non. Vous n'avez pas d'autre alternative. J'ai tout détruit derrière moi. J'ai disposé les choses de manière à rendre également impossibles demain, une république régulière ou une monarchie. Vous ne pouvez vous appuyer sur rien. Je n'ai laissé vivre que l'anarchie que je puis combattre, et l'armée que je tiens dans ma main. Que cela vous plaise ou non, je ne m'en soucie guères. Peu m'importe ce que vous souhaitez. Répondez oui ou non à la simple question que je vous pose. Si vous dites non, il est possible que je me passe de

votre agrément ; mais enfin il est possible
aussi que je me retire devant cette condamnation de mes actes ; que l'armée m'abandonne
et se disperse, frappée qu'elle sera de la même
réprobation ; alors la société n'aura plus de
pouvoir et plus de lien. Dites si c'est là ce que
vous voulez. Moi, ou rien ! Moi, ou l'abîme !
Moi, ou le néant ! Choisissez ! Vous êtes par-
faitement libres de choisir le néant !

Et vous appelez cela de la liberté ! Et vous
vous glorifiez de vos sept millions de suffrages.
Oh ! je suis plus frappé des trois millions qui
vous manquent, que des sept millions que
vous avez. Sept millions ! c'est peu, vous dis-
je. Il y a donc, en France, trois millions d'é-
lecteurs qui aimeraient mieux, à ce qu'il pa-
raît, se débattre dans l'anarchie que de subir
votre dictature. Sept millions de suffrages ! Il
y a bien de quoi se vanter ! vraiment ; mais
si Néron vivait, ou Claude, ou Vitellius, ou le
plus abject et le plus abhorré des Césars, s'il
était à votre place et qu'il posât la question
dans les termes où vous l'avez posée, peut-
être eût-il obtenu dix millions de suffrages !
Ah ! faites sonner les cloches ; faites tirer le
canon ; ordonnez qu'on illumine toutes les fe-

nêtres! Soyez fier! il y a en France sept millions d'individus qui, tout bien considéré,
vous craignent un peu moins qu'ils ne craignent l'échafaud, et la ruine immédiate, et la
mort, et tous les abîmes inconnus sur le bord
desquels vous les avez tenus suspendus, en
leur disant de choisir et de choisir librement
entre votre tyrannie et la mort.

Il n'est donc pas vrai de dire que l'élection
du 20 décembre justifie l'usurpation de Bonaparte et les excès qui l'ont accompagnée.

Cette élection ressemble aux aveux que le
bourreau arrachait quelquefois à la faiblesse
de l'innocent soumis à la torture. Elle n'a pas
d'autre valeur.

Il n'est, d'ailleurs, au pouvoir d'aucun
peuple de justifier le crime.

Bonaparte peut être réélu de la sorte dans
dix ans, et réélu dans vingt ans encore. Il
peut recevoir de l'élection un pouvoir trans-
missible par voie d'hérédité; il peut léguer
ce pouvoir à quelqu'un de sa race; ni lui,
tant qu'il vivra, ni son héritier, s'il en a un,
n'exerceront qu'un pouvoir de fait, chance-
lant, précaire, scandaleux, sans prestige, sans
moralité,

Il n'y a que les siècles qui consacrent l'usurpation. Ils la consacrent, parce qu'ils la font oublier, parce qu'on n'a plus devant les yeux l'exemple du crime triomphant et applaudi, parce que les témoins de l'injustice sont morts et oubliés, et que l'herbe a poussé sur les tombes des victimes; parce que de nouveaux intérêts ont effacé d'anciens ressentiments, et que la sagesse humaine aime à couvrir d'ombre et de mystère l'origine des pouvoirs qui ont longtemps vécu.

CHAPITRE TROISIÈME.

La Constitution de 1852.

III

La Constitution de 1852.

Que me veux-tu, voix importune? A quoi
bon évoquer de tels souvenirs? O jour de
honte! jour de colère! J'ai pleuré, oui, j'ai
pleuré sur mon pays et pleuré sur moi-même,
quand on m'a dit : il faut voter! J'ai regardé
autour de moi ; j'ai cherché des hommes ; je
n'ai vu qu'un troupeau effaré, tremblant sous
le bâton des bergers, s'empressant à la voix
des dogues. J'ai suivi le troupeau. Jour de
colère! jour de honte! La France est allée au

scrutin, comme une fiancée déshonorée qui suit son ravisseur à l'autel, le courroux dans l'âme et la rougeur sur le front. Et ces bannis dont tu racontes la gloire! Et ces autres bannis dont tu racontes la détresse! Ceux-ci, j'aurais voulu les retenir; ceux-là, j'aurais voulu les suivre. Je les enviais trop pour les plaindre. Ah! voix importune, tais-toi! Laisse-moi oublier; laisse-moi dormir; le sommeil est doux! Tout est bien changé, d'ailleurs; l'ignores-tu? Bonaparte a renoncé à la dicta-ture. Nous avons une constitution qui ga-rantit nos droits et nous promet un long repos. Sachons jouir des avantages qu'elle nous donne. Cultivons nos champs; la nature est encore féconde et les roses n'ont pas perdu leurs parfums! Rallumons le feu de nos forges; nos mines sont-elles épuisées? Comblons le vallées, perçons les montagnes, ouvrons au commerce des routes nouvelles; la Constitution permet qu'on travaille et qu'on échange les produits du travail. N'est-ce pas assez, voix importune? Que faut-il de plus à une nation?

Il lui faut la liberté; il lui faut des mœurs. On ne conduit pas les hommes comme les

bœufs, de la charrue à l'étable et de l'étable
à la charrue. Ils pensent et ils ont besoin de
se communiquer sans cesse leurs pensées.
Au-dessus des intérêts particuliers qui les
divisent, ils aperçoivent des intérêts généraux
qui les unissent. Ils sentent qu'ils devraient
surveiller en commun ces intérêts qui leur
sont communs, et que s'ils en abandonnent
la tutelle, c'est comme s'ils désertaient la
garde de leurs propres foyers. Ils voudraient
se donner la main et se protéger les uns les
autres. Partout où la Constitution ne leur reconnaît pas ce droit ou ne leur offre que des
moyens illusoires de l'exercer, la propriété
est peu stable, le commerce peu confiant,
l'industrie sans vigueur. Partout où la parole
est asservie, où deux amis n'osent s'entretenir qu'à voix basse, le travail humain lan-
guit et les mœurs publiques s'altèrent; c'est
une loi à laquelle aucun peuple ne saurait
échapper. La tyrannie traîne après elle la
misère. La terre veut être cultivée par des
mains libres. Il semble que les ronces pous-
sent d'elles-mêmes sous les pas de l'esclave.

La Constitution de 1852 est la Constitution
de la tyrannie. Si elle pouvait durer, ce se-

rait pour la ruine de nos mœurs et de notre prospérité. Il suffit pour s'en convaincre d'en examiner, le texte à la main, quelques articles.

ARTICLE PREMIER.

La Constitution reconnaît, confirme et garantit les grands principes proclamés en 1789, et qui sont la base du droit public des Français.

Il n'existe pas de proclamation officielle des grands principes de 89. Ceux qui sont la base du droit public des Français avaient été énumérés et définis dans les chartes de 1814 et de 1830, et c'était là une *reconnaissance*, une *confirmation* et une *garantie* bien autrement sérieuses que cette vague déclaration de l'art. 1er.

Ainsi, aux termes de la Charte, il n'était pas permis de rétablir la confiscation, de distraire un citoyen de ses juges naturels, de le détenir ou de le déporter sans jugement; de pénétrer dans son domicile, si ce n'est dans les cas et selon les formes voulues par la loi. La charte de 1814 énonçait formellement ces principes salutaires, qui sont la sauvegarde de la liberté, de la fortune et de l'honneur des familles. Elle les proclamait une seconde fois, parce qu'ils avaient été audacieusement violés sous l'empire, à la face du sénat conservateur. Mais elle ne se contenta pas de les reconnaître et de les définir, elle leur donna de véritables et sérieuses garanties. Les garanties qu'elle leur donna reposaient dans la nature même des institutions créées par la charte, qui étaient de vivantes et puissantes barrières au pouvoir absolu.

1° La chambre des pairs et la chambre des députés partageaient avec le roi le pouvoir législatif dans sa réalité et sa plénitude.

2° La chambre des députés, quoique nommée par le suffrage restreint, était un pouvoir vraiment démocratique; elle représentait cette aristocratie naturelle et mobile qui sort incessamment des masses populaires, y retombe et s'y renouvelle sans cesse; la démocratie éclairée, libérale, capable de gouvernement, intéressée au maintien des droits publics, source de sa puissance.

3° Les ministres étaient responsables devant les chambres.

4° La presse était libre.

Voilà quelles étaient les garanties des grands principes proclamés en 89. On avait jugé ces garanties nécessaires après avoir fait l'expérience des Constitutions de l'an viii et de l'an xii, lesquelles n'avaient paru garantir que le despotisme, et nullement les principes de 89. Si l'empire ne fût tombé devant la coalition des peuples dont l'indépendance avait été tant de fois outragée, il serait tombé devant la coalition des Français opprimés, et dont on avait fait reculer la civilisation jusqu'aux temps de Charlemagne.

Faute d'énumérer clairement les principes de 89, la Constitution de 1852 les remet en question. Bonaparte prendra les principes de 1802, de 1804, de 1813 ; il confisquera vos biens, vous embastillera, vous exilera et vous dira : Voilà les principes de 89 et la base de notre droit public. Je voudrais bien savoir comment on lui prouvera le contraire.

ART. 3.

Le président de la République gouverne au moyen des ministres, du conseil d'État, du sénat et du corps législatif.

Le roi gouvernait *au moyen des ministres*

et du conseil d'État, mais avec le concours
des chambres dont le pouvoir, très-diffé-
rent du sien, s'exerçait librement et dans
une sphère indépendante. Ici le sénat et le
corps législatif ne sont, comme les ministres, que des instruments passifs dans la main
du président.

ART. 5.

Le président de la République est responsable
devant le peuple français, auquel il a toujours
droit de faire appel.

On ne s'est jamais joué avec plus d'impudence des mots et des idées. Responsable devant le peuple! Voilà une singulière responsabilité, et, en vérité, peu gênante. Quand et
comment le peuple exercera-t-il ses jugements? Le président peut seul en appeler au
peuple, et personne ne peut mettre le président en accusation. D'un autre côté, le
peuple ne sait rien de ce qui se passe dans
ce gouvernement silencieux; de sorte que
cet étrange tribunal qui ne s'assemble qu'à
la voix de l'accusé, ne formera son opinion
que sur le témoignage que cet accusé rendra

de lui-même. Toute autre voix sera étouffée.
Le peuple-juge sera, dans cette occasion,
éclairé par les lanternes du 20 décembre, et
avec les mêmes lumières, on lui laissera la
même liberté. Supposons, cependant, une
condamnation. Quelle pourra être la peine ?
La Constitution ne le dit pas ; mais la proclamation qui lui sert de préambule, le dit en
termes exprès. Le peuple, dit cette proclamation, *refusera sa confiance au président.*
Ainsi Bonaparte aurait, pendant dix ans, fait
du budget la proie de sa famille, de ses favoris et de ses maîtresses ; il aurait aliéné à son
profit le domaine public ; il aurait vendu les
emplois et les honneurs, il pourra être con-
damné à quoi ? A aller dévorer dans la vie
privée cette opulence mal acquise. Sa responsabilité légale et constitutionnelle ne s'é-
tend pas au-delà, et, en outre, elle couvre la
responsabilité des ministres qui auront faci-
lité ces trafics. En d'autres termes, toute responsabilité s'évanouit, et cet article 5 est la
plus impertinente raillerie qu'aucun despote
se soit jamais permise à l'égard d'un peuple
opprimé.

ART. 7.

La justice se rend en son nom.

Nouvelle dérision des choses saintes ! La justice va se rendre au nom d'un homme qu'elle a épargné une fois, et frappé deux fois comme conspirateur, corrupteur et parjure.

ART. 8.

Il a seul l'initiative des lois.

Ceci est la confiscation du pouvoir législatif.

Pendant trente ans, l'initiative a appartenu à chacune des branches du pouvoir législatif. De 1814 à 1848, je défie qu'on me cite un exemple qui prouve que l'une des deux chambres ait abusé de ce droit. En Angleterre, l'initiative n'appartient qu'au parlement, et indirectement à la couronne. En France, l'harmonie de nos lois et les nombreuses ressources que la centralisation met à la disposition des ministres, font qu'on a trouvé quelque avantage, non-seulement à reconnaître dans le pouvoir exécutif le droit d'initiative, mais encore à entourer de formalités règlementaires fort gênantes l'exercice de l'initiative des membres du parlement. C'était pour les chambres un droit facultatif et réservé, mais un droit précieux, au moyen duquel on pouvait au besoin suppléer à l'inertie du ministère et le mettre en demeure d'étudier certaines questions, d'accomplir certaines réformes.

Le corps législatif n'aura plus à sa disposition un moyen quelconque d'obliger le gouvernement à corriger un abus, à satisfaire aux vœux les plus légitimes des populations souffrantes, à réaliser une amélioration raisonnable, juste, nécessaire. Finances, crédit, douanes, commerce, navigation, transports, industrie, enseignement, tout ce que la loi peut modifier, développer, diriger, restreindre, protéger, opprimer ; la commune, la famille, l'atelier, la boutique, le champ, l'eau des sources, l'air du ciel, le feu, la vapeur, tout cet immense domaine du législateur peut souffrir et languir, s'il plaît à un seul homme. Le progrès de la civilisation dépend de la bonne volonté de cet homme, de sa sagesse, de son intelligence, de son caprice, de l'état de sa santé, d'un regard de sa maîtresse, de l'ignorance d'un courtisan, de mille influences occultes, misérables, honteuses ; mais le corps législatif n'y peut rien. Il enregistre ou rejette les édits qu'on veut bien lui présenter ; encore n'a-t-il pas le pouvoir de les rejeter tous. Mme Demidoff sera plus puissante que deux cent cinquante élus de la nation ; M. de Persigny pourra faire ce que les prétendus législateurs voudront empêcher, et empêcher ce qu'ils voudront faire ; telle courtisane dont on sait le nom aura sur les destinées de ce pays malheureux plus d'influence que les sénateurs et les députés.

A la vérité, il y aura peut-être des révolutions d'antichambre et des révolutions d'alcôve. Cela jettera quelque variété dans le système, et cela sera bien plus beau, bien plus fécond, bien plus raisonnable que cet affreux régime parlementaire ; bien plus moral surtout. C'est l'avis de miss Howard et l'on peut s'en rapporter à elle. En fait de garanties constitutionnelles, je vous recommande miss Howard. Si elle veut bien mettre sous la protection de son éventail les principes de 89 et notre droit public, voilà jusqu'à nouvel ordre une garde plus sûre que le sénat.

Allons! noble pays, aux genoux de miss Howard! Allons, grand peuple, peuple libre, peuple honnête, peuple chrétien, félicite-toi, miss Howard a souri! tremble, elle a la migraine!

C'est à en pleurer de honte!

ART. 9.

Il a le droit de faire grâce.

Cet art. 9 est écrit en faveur de Barrabas.

ART. 13.

Les ministres ne dépendent que du chef de l'État; ils ne sont responsables que chacun en ce qui concerne des actes du gouvernement; il n'y a point de solidarité entre eux; ils ne peuvent être mis en accusation que par le sénat.

Remarquez bien ceci. Vous avez vu que la responsabilité du président était illusoire. La Constitution vous dit maintenant que les ministres ne sont pas plus responsables que le président. Ils ne dépendent que de lui, et nul autre pouvoir public ne peut, en aucune manière, influer sur leurs actes. Ils participent donc de la toute-puissance que la Constitution accorde au président. Tout par lui, rien sans lui. Voyez le soin qu'on prend de leur ôter toute espèce d'autorité propre. Point de solidarité entre eux. Aucune pensée commune. Aucun lien, si ce n'est la volonté du maître. Il les prend où bon lui semble et les renvoie quand bon lui semble, comme ses valets. Un ministre tombe, les autres restent et n'en deviennent que plus souples. Il ne s'agira pas de bien servir le pays, il s'agira de plaire. Le plus puissant sera celui qui saluera le plus bas M. Fialin et le laquais de M. Fialin ; celui qui admirera à propos devant Mme Demidoff la sculpture de M. de Nieuwerkerke ; celui qui flattera le mieux le goût du moment, que ce soit la haine ou la volupté, la gourmandise ou la paresse. C'est ainsi qu'on a de grands ministres. Le corps législatif n'a pas à s'en mêler. Il serait plaisant qu'il y trouvât à redire.

Mais le sénat peut les mettre en accusation ?

Imaginez un sénat choisi par Bonaparte, et vivant en partie de ses dons ; imaginez ce sénat accusant les ministres ! Et de quoi, s'il vous plaît? Ah! il les accusera peut-être de n'avoir pas été, à un certain jour, aussi serviles que lui.

ART. 16.

Si le président de la République meurt avant l'expiration de son mandat, le sénat convoque la nation pour procéder à une nouvelle élection.

ART. 17.

Le chef de l'État a le droit, par un acte secret et déposé aux archives du sénat, de désigner au peuple le nom du citoyen qu'il recommande, dans l'intérêt de la France, à la confiance du peuple et à ses suffrages.

ART. 18.

Jusqu'à l'élection du nouveau président de la République, le président du sénat gouverne avec le concours des ministres en fonctions, qui se forment en conseil de gouvernement, et délibèrent à la majorité des voix.

A voir la puissance qu'il s'attribue, on croirait que le président est un Dieu. Mais non! il veut bien lui-même se rappeler qu'il n'est qu'un mortel, et que ce pouvoir immense ramassé dans sa main, ce pouvoir de dix ans peut finir dans un an, dans un mois, dans une semaine, demain, au moment le plus imprévu, par un coup de foudre, par une apoplexie, par *ce grain de sable* dont Dieu se servit pour tuer Cromwell et abattre avec lui toute sa puissance. Dieu soit loué ! Nous pouvons dire que César n'est pas Dieu, sans être accusé d'impiété ou de lèze-majesté ! La Constitution le permet ; c'est une de nos libertés ; c'est même la seule qu'elle nous laisse. Profitons-en, de peur qu'on ne nous l'enlève.

Cet art. 16 est la colonne branlante de l'édifice ; on dirait qu'il s'appuie là-dessus ; c'est par là qu'il s'écroulera.

Si le président de la République MEURT avant l'expiration de son mandat..... s'il meurt !....... quelle prévision ! Comment M. Rouher a-t-il pu lire cela sans trembler, et le sceller du grand sceau ? Quoi ! tant de mensonges, tant de hontes ; tant de sang versé, tant de familles disparues, tant de mères en deuil, tant d'orphelins, tant de veuves pour un résultat si éphémère ? On n'est pas sûr, au milieu de l'enivrement de la puissance, on n'est pas sûr d'avoir dix ans devant soi. Dix ans! on n'est pas sûr d'avoir dix jours. La mort est là, qu'on ne peut ni séduire, ni acheter, ni plonger dans un cachot. Elle est là! On le devine, on le sent. Il s'exhale autour de l'usurpateur comme une odeur de cimetière. Quel est ce soldat qui fait sentinelle à la porte de l'Élysée? D'où sort ce vin qui rougit la coupe de Monseigneur? Connaissez-vous l'échanson qui se tient debout derrière lui? Et cette ombre qui se dessine sur le mur? Tremble, César, c'est un de tes complices! Tremble, c'est un de tes parents! Tremble, c'est une de tes victimes! La mort l'environne. Mais pensez-y! Plus il est puissant, plus il concentre en lui toute l'influence, plus il efface, humilie, étouffe, éteint, supprime les autres pouvoirs, plus cette perspective de la mort devient pour nous terrible. Mourant, il emporte tout avec lui. Il ne laisse, dans son palais, que ce qu'il y a, des intrigants, des conspirateurs, des ambitieux; dans les corps constitués, que ce qu'il y a, des ombres.

Ah! vous croyez que le sénat va convoquer le peuple, pour qu'il se donne un nouveau maître, et que les choses vont se passer comme cela, tranquillement, naturellement, dans la seule douleur de la mort de Tibère, dans la seule espérance de lui trouver un digne successeur. En vérité, y a-t-il quelqu'un, même aux Tuileries, qui puisse croire pareille chose ?

Entrons pourtant dans cette illusion : Bonaparte meurt ; il meurt tragiquement ou naturellement, peu importe. Le voilà mort, le voilà enterré ; Dieu aie pitié de son âme ! Malgré cela, le ministère est si uni, le sénat si influent, les généraux sont si dociles, les soldats si confiants dans le patriotisme des chefs, que la France reste calme et immobile. Aucun parti ne s'agite. Personne ne trouve l'occasion bonne de respirer un peu plus librement. On voit que je me place dans l'hypothèse la plus favorable qu'on puisse imaginer, et quelque invraisemblable qu'elle soit, je l'accepte. L'ordre matériel n'est point troublé ; M. de Persigny n'est pas en fuite ; les sénateurs ne sont point cachés dans les greniers et dans les caves ; M. de Saint-Arnaud ne jette point son uniforme, comme il fit au 24 février, dans la cour de la préfecture de police. Il est plus impudent et plus sauvage que jamais. Soit ! Mais faites-vous, si vous le pouvez, une idée de la stupeur du pays. Que va-t-il arriver ? Qui allons-nous nommer ? Où sont les candidats ? Sera-t-il permis, cette fois, de discuter leurs titres ? Pour discuter leurs titres, il faudrait des journaux libres, et le droit de réunion, et le droit de discussion. Mais quoi ! la Constitution, qui vit encore, ne vit que du silence des opinions et de l'oppression des consciences. Si vous voulez maintenir le système, pas de discussion. Si vous ouvrez la discussion, adieu le système ! Dès-lors, à qui la France va-t-elle donner ses suffrages ? Ferez-vous, d'abord, comme au 20 décembre, voter l'armée ? Est-ce l'armée qui va, encore une fois, imposer un chef à la France ? Mais au 20 décembre, ce chef s'était lui-même imposé à l'armée. Cette fois, qui lui en imposera un ? Nous avons une demi-douzaine de Bonaparte entre lesquels je vous donne le choix pour une épingle. Vont-ils se diviser ? aurons-nous plusieurs prétendants ? Y aura-t-il l'armée de Lucien et l'armée de Jérôme, l'armée du Nord et l'armée du Midi ? Pourquoi non ? Et le ministère, et le sénat seront-ils d'accord? Vous le voyez, je laisse le pays immobile et tremblant comme au 2 et au 20 décembre ; et si l'anarchie ne vient pas d'en bas, elle éclate en haut.

Les trois art. 16, 17, 18, destinés à régler les formes de la transmission du pouvoir et à assurer sa perpétuité, ne servent donc qu'à montrer la fragilité de ce pouvoir, et à marquer d'avance l'heure de sa ruine.

Ceux qui croient que le régime imposé à la France ressemble à celui de Vienne et de Saint-Pétersbourg, et qu'il aura la même durée, se font donc une complète illusion.

Il y a entre la monarchie absolue, telle qu'on la voit en Russie, en Autriche, en Turquie, et le despotisme tel que nous le voyons en France, des différences profondes tout à l'avantage des Turcs, des Autrichiens et des Russes.

Ces peuples n'ont pas eu trente ans de liberté, d'une liberté paisible, féconde, glorieuse. Ils sont accoutumés, depuis des siècles, au pouvoir absolu, pliés à ce régime dès l'enfance ; et loin de perdre, chaque jour, de nouveaux droits, et d'en sentir la dure privation, ils voient, au contraire, leur servitude s'adoucir et font chaque jour un pas vers la liberté. Ils marchent en avant ; nous marchons en arrière. Le moyen âge qui s'achève pour eux, recommence pour nous.

En second lieu, le despotisme s'est établi chez eux dans des temps de barbarie. Il y a, en quelque sorte, fait son lit ; ce n'est plus un torrent, c'est une fleuve emprisonné dans les rives qu'il s'est creusées et qu'il ne franchit plus. Il s'est formé insensiblement, autour de lui, des barrières naturelles que le temps a fortifiées, des corps intermédiaires et puissants qui limitent l'action du souverain et possèdent, en propre, une autorité réelle, quoique non définie par les lois. C'est la noblesse, c'est l'aristocratie territoriale qui est, dans ces pays, une véritable institution politique. Notre sénat et notre corps législatif ne sont que des fantômes. La noblesse russe est une réalité. Dans un pays comme la France, où la noblesse n'est plus qu'un souvenir, où il n'existe plus de corps puissant, respecté et bien enraciné dans le sol, le despotisme est bien autrement terrible. Rien n'amortit ses coups. Tout est faible à côté de lui. Ce n'est pas le fleuve, c'est le torrent.

Le czar et l'empereur d'Autriche ne sont pas des usurpateurs. Ce n'est pas une révolution ni une conspiration qui les a élevés; il n'y a point, dans l'état, de parti qui soit offensé de leur grandeur et qui se sente humilié de leur obéir. On n'y a pas connu des maîtres d'une autre race, plus doux, plus aimés, toujours vivants, toujours pleurés. Ils sont princes légitimes, et l'histoire de leur maison est toute l'histoire nationale. Au lieu d'être un sujet de discorde, ils sont un lien entre leurs peuples. Depuis des siècles, ils sont rois de père en fils, et on n'a pas besoin d'appel au peuple, de proclamation, d'affiches menteuses, d'état de siége et de terreur pour y faire reconnaître la puissance d'un enfant. Tout cela marche de soi. C'est l'habitude, c'est la loi. Pas une résistance, pas un murmure. C'est que ce sont là de véritables institutions, anciennes, vivaces, conformes aux mœurs et aux croyances du pays, et non des pouvoirs de rencontre, qui ne s'établissent et ne se maintiennent que par la fraude et la violence, et qui s'écrouleraient à l'instant où l'on pourrait dire la vérité.

Il résulte de là que les rois absolus n'ont

pas besoin de violer scandaleusement les lois de leur pays, de corrompre les mœurs, d'effrayer les honnêtes gens, de s'entourer de spadassins et de sophistes mercenaires, de ne mettre dans les emplois que des complices de leur crime, et d'avilir la nation, pour l'asservir. Rien n'y est nouveau. Tout y est dans la règle. Les plus honnêtes gens s'honorent en servant le prince. Tout y est au rebours de ce qui se passe en France.

ART. 20.

Le sénat se compose :

1° Des cardinaux, des maréchaux, des amiraux ;

2° Des citoyens que le président de la République juge convenable d'élever à la dignité de sénateur.

Le paragraphe 2 de cet article 20 est fort piquant. Il donne une haute idée de la considération qui va s'attacher au sénat. Point d'autre condition pour y entrer que le bon plaisir du maître. Cela tiendra lieu de talent, d'honneur, de réputation et de tout. Sont sénateurs *ceux que le président jugera conve-*

nable d'élever à cette dignité. S'il juge convenable de faire asseoir à côté des cardinaux et des maréchaux M. Véron, M. Delamarre, M. Bérard, M. Romieu, le vice immonde à côté de la vertu, et la lâcheté auprès du courage, il en est le maître. Il ne tient qu'à lui de faire sénateur son valet de chambre et son palefrenier, et même son cheval, à l'exemple de Caligula qui fit le sien consul. Pourquoi non ? Il lui faut là des gens faciles à brider et dociles au mors. Que deviendrait le système personnel, s'il y avait dans le sénat des âmes indépendantes ? Bonaparte mettra autant de soin à peupler son sénat de gens serviles que les gens qui ne le sont pas en mettent à le fuir. Il n'y aura là ni Caton, ni Brutus, ni Sylla, ni Cicéron ; mais les Verrès y ont leur place marquée à côté des Catilina dont la France aura payé les dettes et doté les maîtresses.

ART. 22.

Les fonctions de sénateur sont gratuites ; néanmoins le président de la République pourra accorder à des sénateurs, en raison de services rendus et de leur position de fortune, une dotation personnelle qui ne pourra excéder trente mille francs par an.

Elles sont gratuites, mais elles coûteront très-cher. M. de Montalembert ne voulait pas, dit-on, qu'il y eût de sénateurs gagés. Mais personne n'ayant voulu en être, la dotation a servi d'amorce à quelques débiteurs insolvables.

ART. 24.

Le président de la République convoque et proroge le sénat. Il fixe la durée des sessions par un décret.

Les séances du sénat ne sont pas publiques.

C'est un perfectionnement aux Constitutions de l'Empire. Le sénat était permanent. Il ne le sera plus. Il pourra être prorogé et convoqué par le président, afin qu'il sente sans cesse sa dépendance. Quant à la publicité, à quoi bon? Si, par hasard, il s'élevait jamais, au sein du sénat, une voix indépendante, il ne faut pas qu'on l'entende. Si, par hasard, un sénateur s'avisait de prendre son rôle au sérieux, de signaler un abus, de demander une réforme, de se refuser à une complaisance, il ne faut pas qu'on le sache. Fermez les portes du sénat ! Fermez les fenêtres ! Placez des muets en sentinelle autour du palais ! Ah ! vous faites bien ! C'est la publicité qui est la force des assemblées ; c'est elle qui inspire les généreuses résolutions et fortifie les caractères. On n'ose pas s'avilir, quand le monde vous écoute et vous regarde. M. Baroche lui-même, à la tribune, parlait de son respect pour les lois. Mais il vous faut la nuit, afin que personne ne sache ce qui se passera sous les voûtes du Luxembourg ; vous avez intérêt à ensevelir dans le silence, non-seulement les bonnes paroles, mais surtout les paroles viles, les bassesses et les lâchetés que vous attendez du sénat. Tirez donc le rideau sur ce honteux spectacle ! Vous pourrez parler ensuite, à votre aise, de l'indépendance et de la majesté du sénat. Quelques enfants peut-être vous croiront.

ART. 45.

Le droit de pétition s'exerce auprès du sénat. Aucune pétition ne peut être adressée au corps législatif.

Le député, destitué du droit d'initiative, ne connaîtra pas même des pétitions qui peuvent révéler les besoins du pays ou signaler les abus de l'administration. Mais alors, pourquoi le faire nommer par le suffrage universel? C'est bien la peine de remuer tout le pays pour fabriquer un automate qui s'assied et se lève, dit oui et non, pendant six ans, et disparaît. Quoi! pas même les pétitions? Non! pas même les pétitions. Le sénat est encore, par son origine, plus servile que le corps législatif; il est aussi plus silencieux. Adressez-vous au sénat!

Adressez-vous au sénat, victimes de l'arbitraire, vous qui ne pouvez rentrer dans votre héritage, vous dont on a fermé l'atelier, vous dont la correspondance n'a plus de secrets, la famille plus de mystères; vous qu'on rançonne, vous qu'on calomnie, vous qu'on emprisonne, vous que le maire renvoie au préfet, le préfet au juge, le juge au commissaire, Pilate à Caïphe et Caïphe à Pilate, et qui ne savez comment sortir de ce dédale où l'injustice vous promène, adressez-vous au sénat! Ou plutôt, si vous êtes pressé, et si, par hasard, vous vous sentez digne de participer aux faveurs du nouveau règne, imitez les solliciteurs. Laissez là le sénat et les sénateurs, le corps législatif, le conseil d'État et le reste. Adressez-vous plus haut. Adressez-vous à la livrée de Monseigneur, à ses cochers, à ses ministres. Envoyez un bouquet à miss Howard, du vin de Champagne à M. Romieu. Confiez votre placet à votre jeune épouse. Pas de rougeur ! Quel enfantillage ! Est-ce qu'on rougit dans ce monde-là ? Mais vous êtes pauvre ! Tant pis ! Mais votre femme est chaste et vous la respectez ! Tant pis ! Votre affaire est perdue. Adressez-vous au sénat !

ART. 46.

Le président de la République convoque, ajourne, proroge et dissout le corps législatif. En cas de dissolution, le président de la République doit en convoquer un nouveau dans le délai de six mois.

ART. 33.

En cas de dissolution du corps législatif, et jusqu'à une nouvelle convocation, le sénat, sur la proposition du président de la République, pourvoit, par des mesures d'urgence, à tout ce qui est nécessaire à la marche du gouvernement.

Dans le système de la Constitution, rien n'est moins nécessaire à la fabrication des lois que le corps dit législatif. Lisez l'art. 33 : le sénat, sur la proposition du président de la République, pourvoit à tout ce qui est nécessaire à la marche du gouvernement. Ainsi le sénat vote le budget, le sénat vote l'appel des conscrits, le sénat vote tout ce qu'on veut, tout ce qu'on dit nécessaire à la marche du gouvernement. Le pays en pensera ce qu'il voudra. Le coup fait, au bout de six mois, on convoque le corps législatif, qui n'a plus rien à dire sur le passé, et n'a aucun moyen d'y revenir.

Le docteur Véron disait, il y a un an, dans *le Constitutionnel*, qu'on calomniait Bonaparte en le supposant capable de violer son serment et de rêver un coup d'État. Il assurait que Bonaparte était aussi modeste que désintéressé, et n'avait nulle envie de quitter le palais de l'Élysée. « Il n'ira pas aux Tuileries, disait-il ; *on y devient fou.* »

La Constitution du 15 janvier 1852 est datée des Tuileries.

Tel est l'ensemble de cette Constitution. Et c'est là ton oreiller, pauvre France ! Après tant de travaux, tant de combats, tant de blessures, c'est sur ce lit d'épines qu'on t'endort.

CHAPITRE QUATRIÈME.

Les conseillers de Bonaparte.

IV

Les conseillers de Bonaparte.

Eh! ne le savions-nous pas, voix terrible? ne le savions-nous pas? La Constitution
de 1852 n'a rassuré personne. C'est le cou-
teau du 2 décembre suspendu sur nos têtes
par un fil de soie. Voilà pourquoi nous fer-
mons les yeux. De grâce, laisse-nous dormir!
Nous rêvons qu'elle nous protége. La France
est lasse. Elle est lasse des révolutions. N'at-

tends rien désormais de son énergie. Elle ne veut ni ne peut remuer. La voilà plongée dans le merveilleux sommeil de la Belle au bois dormant. Elle ne se réveillera qu'à la voix de son royal époux. Dès qu'il paraîtra, le charme sera rompu et tout retentira du bruit des armes. Jusque-là, tais-toi, voix mystérieuse! Tu troublerais inutilement notre repos. La vérité que tu fais luire a, dans ce moment, trop d'éclat pour nos pauvres yeux déjà accoutumés aux ténèbres. Sois pitoyable et sois prudente. Apprends que les peuples asservis ont parfois des ruses d'esclave. Quand ils ne dorment pas, ils font semblant de dormir. Le maître, à son tour, s'endort, et c'est à ce moment que les peuples se lèvent. Et puis, dans notre état misérable, n'avons-nous pas quelque sujet de consolation? Nous vivons sous le despotisme; les institutions ne sont plus rien et les hommes sont tout. C'est dans la sagesse du prince et dans la probité de ses conseillers qu'il nous faut chercher les garanties que naguère nous trouvions dans les lois. Le bonheur dont on peut jouir sous un pareil régime est nécessairement précaire, puisque les conseils de Narcisse peuvent à tout moment l'emporter sur les conseils de Burrhus. Mais quand on voit Burrhus derrière le rideau, n'est-il pas sage de jouir en paix de l'heure présente et de bénir Néron et les Dieux? Soyons donc juste, même envers Bonaparte. Il a su s'entourer d'hommes considérables par la fortune et le talent. Il écoute M. L...... Il ne repousse pas les avis de M. Véron.

Parlons donc un peu de l'entourage du prince et de ses conseillers officiels ou non officiels, puisque c'est là, en vérité, notre unique refuge contre de nouveaux crimes.

Qu'est-ce que M. le sénateur L.....? Je ne crois pas qu'il existe sur la terre un homme en qui se personnifient avec plus d'éclat tous les bas instincts que l'habitude du trafic développe dans les âmes naturellement viles et chez les gens mal élevés. C'est la bassesse incarnée, la poltronnerie vivante, l'ingratitude en chair et en os, la sottise bavarde, l'ignorance présomptueuse. M. L..... est de ces commerçants qui mesurent l'avenir de leur pays sur leur carnet d'échéances, qui font parfois des pertes, jamais un sacrifice, et n'ont en politique d'autre principe et d'autre affection que leur intérêt de la journée. Cela est plat comme un gros sou et, comme un gros sou, cela ternit la main qui le touche.

Quant au docteur Véron, il a commencé sa fortune en vendant des drogues de son invention. Il n'est pas une borne, pas un carrefour, pas une muraille qu'il n'ait depuis vingt ans salie de ses affiches. En ces derniers temps, il a exploité le bonapartisme comme il avait exploité la pâte de Regnault. A force de l'entendre vanter, la bourgeoisie a voulu en tâter.

On a vu, après 1850, M. Véron directeur de théâtre, pacha des coulisses, sultan du corps de ballet, roi des dames de chœur, prince des rats. C'est dans cette situation élevée qu'il s'initia aux douceurs du pouvoir absolu et à l'art si difficile de gouverner les hommes.

Il y a, dit-on, de petits esprits qui se scandalisent de voir au corps législatif et dans la familiarité de Son Altesse Impériale un personnage de tréteaux. Pour un apothicaire, passe encore! Docteur ou non, un apothicaire peut être bon à quelque chose et figurer dans les cérémonies avec une suffisante

gravité. Mais un entrepreneur de spectacles !
mais le chef d'une troupe de danseurs et de
baladins, un marchand de pirouettes et de
chansons, un spéculateur en tableaux vivants ! un homme qui doit la meilleure partie de sa fortune aux jambes de Cidalise, au
jupon court d'Arabelle, aux épaules nues de
Zoé ! Ne voilà-t-il pas, dit-on, un député bien
choisi pour le corps législatif et, pour Monseigneur, un digne conseiller !

Eh ! oui, messieurs, ne vous déplaise. Ce
sont là des amis dont un prince peut tirer
plus d'un genre de service. Un directeur de
théâtre ! un directeur enrichi ! ce sont là les
gens les plus propres du monde à gouverner
l'État. Ils savent faire la différence des ta-
lents et distribuer à chacun son vrai rôle ; ils
savent ordonner la mise en scène d'une pièce,
préparer les coups de théâtre et les change-
ments à vue ; ils savent le fort et le faible de
cette race d'hommes qu'on appelle des comédiens, et de cette race de comédiens qu'on
appelle des hommes. Ils vous diront tout ce
qu'il y a de vanité dans la tête d'un Gille et
d'avidité dans le cœur d'un Pierrot. Ils vous
feront connaître l'importance du costume, et

combien il faut d'aunes de velours pour faire un sénateur, combien de planches pour faire un trône et combien de sots déguisés pour simuler une cour. Ils vous enseigneront le moyen de faire applaudir les mauvaises pièces.....

Tu te ris de moi, voix railleuse! Le docteur Véron et M. L..... ne sont donc pas les personnages graves que je me figurais. Mais ils ne sont ni les seuls amis, ni les seuls conseillers de Bonaparte, et il doit y en avoir dans le nombre qui méritent notre confiance. Ne connais-tu pas les favoris, les ministres, les sénateurs, les conseillers d'État?

Si je les connais? C'est, j'en conviens, une question que l'on peut faire, tant il y a là de gens obscurs, de généraux inconnus à l'armée, d'avocats ignorés au palais, de moucherons éclos au triste soleil de décembre. Et, pour le dire en passant, n'est-ce pas un malheur pour ce pays, si riche en hommes dont le seul nom inspire la confiance, parce qu'il raconte tout un passé glorieux ; n'est-ce pas, pour ce noble pays, le comble de l'humiliation, qu'il en soit réduit à se demander : qui est-ce qui me gouverne? D'où sort ce ministre ? Où est-on allé chercher ce sénateur? Eh bien! non! non! Ce n'est pas là encore le comble de l'humiliation. Le comble de l'humiliation, pour la France, c'est que ces maîtres insolents ne soient pas tous également inconnus, et qu'il y en ait parmi eux dont on ne puisse oublier l'histoire : des coureurs de brelan mal famés dans tous les tripots où ils ont usé leur jeunesse; des aventuriers dont les gendarmes connaissent le signalement. Tenez! voulez-vous que nous en parlions plus à notre aise ? Faites fermer les portes. Renvoyez pour un moment vos serviteurs. Éloignez les enfants et les femmes. Éteignez les bougies. Personne ne nous écoute? Eh bien! j'ai peur encore et je ne sais en quels termes honnêtes vous parler de ces ramas d'escrocs, de courtisanes, de spadassins, de bâtards, de libertins, qui marche à la tête de ce cortége officiel et prend partout le pas, même à l'église. Faut-il vous nommer ce directeur-général qui a ruiné puis répudié sa femme, le boute-en-train des orgies nocturnes, le nouveau Pétronne du nouveau César ! Vous découvrirai-je, sous son manteau de sénateur, ce juif millionnaire qui refuse du pain aux créanciers de son père, et prodigue l'or et les perles aux filles de théâtre ? Vous montrerai-je au doigt ces femmes dévergondées qu'on rencontre avec tous les hommes, excepté avec leurs maris, et à qui le sénat rend de publics hommages ? Ce ministre qui, avant le coup-d'état, en des fonctions plus humbles, voulut mettre la justice toulousaine de moitié dans un crime, et qui mériterait d'être à Toulon, si Bonaparte ne l'avait jugé digne d'entrer dans ses conseils. Et cet autre ministre que le général Rullière a sauvé du bagne? Et ce grand personnage, témoin vénal des désordres de sa fille ? Et ce ministre d'hier, frère bâtard de monseigneur, qui prend pour chef de cabinet un des bâtards de son adultère maîtresse? Et ce ministre d'aujour-d'hui à qui l'on connaît trois épouses apocryphes? Je ne dis pas tout ce que je sais et je ne sais pas tout. Mais pour le reste, je vous demande grâce. Mon cœur se soulève de dégoût et mes cheveux se hérissent d'horreur, quand je considère que ce sont là les gens qui sont nos maîtres et qui se disent nos sauveurs. Les voilà, les familiers, les favoris, les confidents., les complices , les compagnons du jour et les compagnons de la nuit, les derniers des hommes et les premiers dans l'État ; plus puissants que les lois, plus puissants que les juges , plus puissants que le sénat ; tenant dans leurs mains sanglantes nos libertés, et, à la merci de leurs appétits , nos trésors et nos femmes.

Plus bas, voix mystérieuse ! voix de l'honneur, voix de la religion , voix de la patrie, oh ! je t'en conjure , plus bas ! Ne livre pas aux vents ces secrets redoutables. N'éveille pas la tempête qui dort. La moisson n'est pas mûre ; laisse-la mûrir. En attendant, les méchants seront contenus. Mais tant de vices et tant de crimes n'iront pas souiller l'imagination du peuple et peut-être irriter çà et là d'abominables convoitises. La foule ne doit les apprendre qu'avec le châtiment. Autour de ces grands coupables que leur élévation même dérobe aux regards de la multitude, il y a, dans un rang plus modeste , des hommes qui font encore honorer le pouvoir , parce qu'on est depuis longtemps accoutumé à les honorer eux-mêmes.

Oui, parmi ces noms d'une impénétrable

obscurité, il en est quelques-uns qu'on se souvient vaguement d'avoir lus sur d'autres affiches. Ils vous rappellent, non pas les vrais acteurs, mais les figurants et les comparses du spectacle d'hier. Ce sont eux! Ils ont eu l'honneur immérité d'appartenir à nos anciennes assemblées. Sous le règne libéral de Louis-Philippe, tous étaient dans l'opposition et ne s'y distinguaient que par l'indécence de leurs interruptions et la vanité de leurs clameurs. J'en pourrais citer plus de vingt qui ont signé l'acte d'accusation dressé contre M. Guizot, en face des barricades de février. J'en citerais d'autres qui, au lendemain de la révolution, sollicitèrent et obtinrent les faveurs du gouvernement provisoire. Est-ce M. Abatucci qui me démentira? Est-ce M. Beaumont (de la Somme)? Est-ce M. Bavoux? Est-ce M. Bérard? Est-ce M. Flandrin? Est-ce M. Charlemagne?

Je veux être pour eux miséricordieux, et supposer qu'ils ont été de bonne foi jusqu'au 24 février. C'est encore de bonne foi, j'y consens, qu'ils ont reconnu, le 2 décembre, à la lueur du canon, les beautés du despotisme. Mais dans ce cas, que devaient-ils faire? Ils

devaient confesser la fragilité de leur jugement et demander pardon à Dieu, aux Bour-
bons et à la France, des immenses désastres
que leur présomption avait entraînés ; après
quoi ils devaient se faire oublier. Ah! s'ils
avaient donné cet exemple de repentir et de
modestie, on ne douterait guère de la sincérité de leur conversion. Mais quand on voit
ces prêcheurs de libéralisme expier leurs
vieux péchés sous la livrée et à la table d'un
despote, faire pénitence sous des habits bro-
dés et dans de grasses sinécures ; interner,
déporter, spolier leurs crédules disciples,
en vérité, quand on voit cela, ils ont
beau protester de leur dévouement à Bonaparte, de leur admiration pour le pouvoir
absolu ; ils ont beau décrier le passé à l'avantage du présent, on leur fait l'injure de ne
pas croire à leur sincérité. On prend ces con-
versions bien dorées et bien rentées pour
des apostasies. On dit qu'ils ont trafiqué de
la liberté du pays, que rien ne peut payer,
et de leur propre honneur, qu'on a payé trop
cher. La France se scandalise et s'indigne
d'être bâillonnée, rançonnée, asservie, par
cette troupe de renégats. C'est là pour le

peuple un spectacle malsain. Ce ne sont pas ces hommes à deux visages et à deux langues qui relèveront l'autorité de son abaissement. Toute leur vie passée dément leur vie présente; chaque parole qu'ils prononcent les met en contradiction avec eux-mêmes. La foule qui les regarde ne croit pas un mot de ce qu'ils disent et commence à douter de ce qu'ils disaient autrefois. Ils lui rendent l'autorité méprisable et la liberté suspecte. Toutes les convictions s'altèrent; toutes les consciences se troublent; toutes les notions d'honneur, de probité, de désintéressement, de délicatesse s'évanouissent. La fidélité aux principes ressemble à une duperie; l'amour des lois à une maladie mentale ou à un jeu de fripons; il n'est, pour être honoré, riche et puissant, que de conspirer, que de mentir, que de trahir, que de calomnier; le succès justifie tout, même le crime. On est innocent, dès qu'on a su mettre de son côté les gendarmes.

Ah! bons bourgeois, honnêtes marchands, dignes propriétaires, paysans naïfs qui ne voulez plus de révolution, levez la tête! C'est la révolution qui est au pouvoir, non la révolution de 89 avec ses principes de justice, ses réparations et ses garanties, mais la hideuse révolution, la révolution sans principes, la révolution hypocrite, brutale, spoliatrice, sanguinaire; la révolution de la force contre le droit, du mensonge contre la vérité, de la ruse contre l'honnêteté, des appétits contre le devoir, de la trahison contre la fidélité; la révolution des conspirateurs, des débauchés, des prétoriens; la révolution de la sottise contre l'esprit, du crime contre la vertu, de la présomption contre l'expérience, de la vénalité contre le désintéressement. Oui, cette révolution vous domine et vous tient le pied sur la gorge. Mais restez comme vous êtes; ne faites pas un mouvement; vous êtes bien ainsi.

FIN.

TABLE DES MATIÈRES.

TABLE DES MATIÈRES.

Imprimerie de A. LABROUE et Comp.

www.ingramcontent.com/pod-product-compliance
Ingram Content Group UK Ltd.
Pitfield, Milton Keynes, MK11 3LW, UK
UKHW020021100726
13658UKWH00003B/1038